AF577264
THE TALE OF
THE
FLOPSY BUNNIES
1997
4

Row 3: Ch 5 **(counts as first dc plus ch 2)**, turn; sc in next ch-3 sp, ch 3, sc in next ch-3 sp, ch 2, ★ (dc, ch 1, dc) in next ch-1 sp, ch 2, sc in next ch-3 sp, ch 3, sc in next ch-3 sp, ch 2; repeat from ★ across to last dc, dc in last dc: 31 sps.

Row 4: Ch 3, turn; skip next ch-2 sp, work [dc Cluster, (ch 3, dc Cluster) twice] in next ch-3 sp, skip next ch-2 sp, ★ (dc, ch 1, dc) in next ch-1 sp, skip next ch-2 sp, work [dc Cluster, (ch 3, dc Cluster) twice] in next ch-3 sp, skip next ch-2 sp; repeat from ★ across to last dc, dc in last dc: 23 sps.

Repeat Rows 3 and 4 until Afghan Body measures approximately 31" from beginning ch, ending by working Row 3; do **not** finish off.

EDGING

Rnd 1: Ch 1, turn; sc in first dc, 2 sc in each of next 5 sps, 3 sc in next ch-3 sp, (2 sc in each of next 3 sps, 3 sc in next ch-3 sp) 6 times, 2 sc in next ch-2 sp, sc in last dc, place marker around sc just made for st placement; work 111 sc evenly spaced across end of rows; working in free loops ***(Fig. 1, page 1)*** and in sps across beginning ch, sc in ch at base of first sc, place marker around sc just made for st placement, 3 sc in next sp, sc in next ch, sc in next sp and in next ch, (2 sc in next sp, sc in next ch) twice, sc in next sp and in next ch, 3 sc in next sp, sc in next ch, ★ 2 sc in next sp, sc in next ch, sc in next sp and in next ch, 2 sc in next sp, sc in next ch, 3 sc in next sp, sc in next ch, sc in next sp and in next ch, (2 sc in next sp, sc in next ch) twice, sc in next sp and in next ch, 3 sc in next sp, sc in next ch; repeat from ★ once **more**, place marker around sc just made for st placement; work 111 sc evenly spaced across end of rows; join with slip st to first sc: 364 sc.

Rnd 2: Ch 3, do **not** turn; 2 dc in same st, ★ dc in each sc across to next marked sc, 5 dc in marked sc; repeat from ★ 2 times **more**, dc in each sc across, 2 dc in same st as first dc; join with slip st to first dc: 380 dc.

Rnd 3: Ch 1, 2 sc in same st, ★ sc in each dc across to center dc of next corner 5-dc group, 3 sc in center dc; repeat from ★ 2 times **more**, sc in each dc across and in same st as first sc; join with slip st to first sc: 388 sc.

Rnd 4: Ch 4 **(counts as first dc plus ch 1, now and throughout)**, dc in same st, ch 1, ★ skip next sc, (dc in next sc, ch 1, skip next sc) across to center sc of next corner 3-sc group, (dc, ch 1) 3 times in center sc; repeat from ★ 2 times **more**, skip next sc, (dc in next sc, ch 1, skip next sc) across, dc in same st as first dc, ch 1; join with slip st to first dc: 202 ch-1 sps.

Rnds 5 and 6: Ch 4, dc in same st, ch 1, ★ (dc in next dc, ch 1) across to center dc of next corner 3-dc group, (dc, ch 1) 3 times in center dc; repeat from ★ 2 times **more**, (dc in next dc, ch 1) across, dc in same st as first dc, ch 1; join with slip st to first dc: 218 ch-1 sps.

Rnd 7: Ch 1, 2 sc in same st, ★ sc in next ch-1 sp, (sc in next dc and in next ch-1 sp) across to center dc of next corner 3-dc group, 3 sc in center dc; repeat from ★ 2 times **more**, sc in next ch-1 sp, (sc in next dc and in next ch-1 sp) across, sc in same st as first sc; join with slip st to first sc: 444 sc.

Rnd 8: Ch 3, 2 dc in same st, ★ dc in each sc across to center sc of next corner 3-sc group, 5 dc in center sc; repeat from ★ 2 times **more**, dc in each sc across, 2 dc in same st as first dc; join with slip st to first dc: 460 dc.

Rnd 9: Ch 1, 2 sc in same st, ★ sc in each dc across to center dc of next corner 5-dc group, 3 sc in center dc; repeat from ★ 2 times **more**, sc in each dc across and in same st as first sc; join with slip st to first sc: 468 sc.

Rnd 10: Ch 1, (sc, ch 5, sc) in same st, ch 3, ★ skip next 2 sc, (sc in next sc, ch 3, skip next 2 sc) 3 times, [sc in next sc, ch 5, skip next sc, (sc in next sc, ch 3, skip next 2 sc) 4 times] across to center sc of next corner 3-sc group, (sc, ch 5, sc) in center sc, ch 3; repeat from ★ 2 times **more**, skip next 2 sc, (sc in next sc, ch 3, skip next 2 sc) 3 times, [sc in next sc, ch 5, skip next sc, (sc in next sc, ch 3, skip next 2 sc) 4 times] across; join with slip st to first sc: 170 sps.

Rnd 11: Slip st in first ch-5 sp, work [Beginning tr Cluster, (ch 5, tr Cluster) 4 times] in same sp, skip next ch-3 sp, sc in next ch-3 sp, ch 3, sc in next ch-3 sp, skip next ch-3 sp, ★ work [tr Cluster, (ch 5, tr Cluster) 4 times] in next ch-5 sp, skip next ch-3 sp, sc in next ch-3 sp, ch 3, sc in next ch-3 sp, skip next ch-3 sp; repeat from ★ around; join with slip st to top of Beginning tr Cluster.

Rnd 12: Slip st in first ch-5 sp, ch 1, (sc, 5 dc, sc) in same sp and in next 3 ch-5 sps, † sc in next ch-3 sp, [(sc, 3 dc, sc) in next 4 ch-5 sps, sc in next ch-3 sp] 6 times, (sc, 5 dc, sc) in next 4 ch-5 sps, sc in next ch-3 sp, [(sc, 3 dc, sc) in next 4 ch-5 sps, sc in next ch-3 sp] 9 times †, (sc, 5 dc, sc) in next 4 ch-5 sps, repeat from † to † once; join with slip st to first sc, finish off.

---

2. SPECIAL MEMORIES

Finished Size: 33" x 43"

MATERIALS

Sport Weight Yarn:
15 ounces, (430 grams, 1,500 yards)
Crochet hook, size H (5.00 mm) **or** size needed for gauge

GAUGE: In pattern, 2 repeats = 4¼"; 7 rows = 4½"

Gauge Swatch: 5¾"w x 4½"h
Ch 25 **loosely**.
Work same as Afghan Body for 7 rows.
Finish off.

AFGHAN BODY

Ch 106 **loosely**, place marker in third ch from hook for st placement.

Row 1 (Right side)**:** Dc in fourth ch from hook **(3 skipped chs count as first dc)**, ★ skip next 2 chs, dc in next ch, 3 dc in next ch, dc in next ch, skip next 2 chs, dc in next 2 chs; repeat from ★ across to last 3 chs, skip next 2 chs, 3 dc in last ch: 82 dc.

Note: Loop a short piece of yarn around any stitch to mark Row 1 as **right** side.

Row 2: Ch 3 **(counts as first dc, now and throughout)**, turn; dc in sp **before** next dc, ★ skip next 3 dc, 5 dc in sp **before** next dc, skip next 3 dc, dc in sp **before** next dc, skip next dc, dc in sp **before** next dc; repeat from ★ across to last 4 dc, skip next 3 dc, 3 dc in sp **before** last dc, leave last dc unworked.

Repeat Row 2 until Afghan Body measures approximately 35" from beginning ch, ending by working a **right** side row; do **not** finish off.

EDGING

Rnd 1: Ch 1, do **not** turn; sc in top of last dc on last row, work 119 sc evenly spaced across end of rows; sc in free loop of first ch ***(Fig. 1, page 1)***, place marker around sc just made for st placement, working in sps across beginning ch, (2 sc in next sp, skip next dc, sc in sp **before** next dc) twice, skip next 3 dc, sc in sp **before** next dc, 3 sc in next sp, skip next dc, sc in sp **before** next dc, 2 sc in next sp, skip next dc, sc in sp **before** next dc, skip next 3 dc, sc in sp **before** next dc, ★ **[**(2 sc in next sp, skip next dc, sc in sp **before** next dc) twice, skip next 3 dc, sc in sp **before** next dc**]** twice, 3 sc in next sp, skip next dc, sc in sp **before** next dc, 2 sc in next sp, skip next dc, sc in sp **before** next dc, skip next 3 dc, sc in sp **before** next dc; repeat from ★ 2 times **more**, 2 sc in next sp, skip next dc, sc in marked ch, remove marker, place marker around sc just made for st placement; work 119 sc evenly spaced across end of rows; working in sts on last row, sc in first dc, place marker around sc just made for st placement, work 83 sc evenly spaced across; join with slip st to first sc: 408 sc.

Rnd 2: Ch 1, (sc, ch 5) twice in same st, ★ skip next 2 sc, (sc in next sc, ch 5, skip next 2 sc) across to next marked sc, (sc, ch 5) twice in marked sc; repeat from ★ 2 times **more**, skip next 2 sc, sc in next sc, (ch 5, skip next 2 sc, sc in next sc) across to last 2 sc, ch 2, skip last 2 sc, dc in first sc to form last ch-5 sp: 140 ch-5 sps.

Rnd 3: Ch 1, sc in same sp, ch 5, (sc, ch 5) twice in next corner ch-5 sp, ★ (sc in next ch-5 sp, ch 5) across to next corner ch-5 sp, (sc, ch 5) twice in corner ch-5 sp; repeat from ★ 2 times **more**, sc in next ch-5 sp, (ch 5, sc in next ch-5 sp) across, ch 2, dc in first sc to form last ch-5 sp: 144 ch-5 sps.

Rnd 4: Ch 1, sc in same sp, ch 5, sc in next ch-5 sp, ch 5, (sc, ch 5) twice in next corner ch-5 sp, ★ (sc in next ch-5 sp, ch 5) across to next corner ch-5 sp, (sc, ch 5) twice in corner ch-5 sp; repeat from ★ 2 times **more**, (sc in next ch-5 sp, ch 5) across; join with slip st to first sc: 148 ch-5 sps.

Rnd 5: Slip st in first ch-5 sp, ch 3, 4 dc in same sp, sc in next ch-5 sp, ch 5, (sc, ch 5) twice in next corner ch-5 sp, ★ (sc in next ch-5 sp, 5 dc in next ch-5 sp, sc in next ch-5 sp, ch 5) across to next corner ch-5 sp, (sc, ch 5) twice in corner ch-5 sp; repeat from ★ 2 times **more**, sc in next ch-5 sp, (5 dc in next ch-5 sp, sc in next ch-5 sp, ch 5, sc in next ch-5 sp) across; join with slip st to first dc: 48 5-dc groups and 56 ch-5 sps.

Rnd 6: Slip st in next dc, ch 1, sc in same st, ch 5, skip next dc, sc in next dc, ch 5, sc in next ch-5 sp, ch 5, (sc, ch 5) twice in next corner ch-5 sp, sc in next ch-5 sp, ★ ch 5, (skip next 2 sts, sc in next dc, ch 5, skip next dc, sc in next dc, ch 5, sc in next ch-5 sp, ch 5) across to next corner ch-5 sp, (sc, ch 5) twice in corner ch-5 sp, sc in next ch-5 sp; repeat from ★ 2 times **more**, (ch 5, skip next 2 sts, sc in next dc, ch 5, skip next dc, sc in next dc, ch 5, sc in next ch-5 sp) across, ch 2, dc in first sc to form last ch-5 sp: 156 ch-5 sps.

Rnd 7: Ch 1, sc in same sp, ch 5, (sc in next ch-5 sp, ch 5) 3 times, (sc, ch 5) twice in next corner ch-5 sp, ★ (sc in next ch-5 sp, ch 5) across to next corner ch-5 sp, (sc, ch 5) twice in corner ch-5 sp; repeat from ★ 2 times **more**, (sc in next ch-5 sp, ch 5) across; join with slip st to first sc: 160 ch-5 sps.

Rnd 8: Slip st in next 2 chs, ch 1, sc in same ch-5 sp, ch 5, sc in next ch-5 sp, 5 dc in next ch-5 sp, sc in next ch-5 sp, ch 5, (sc, ch 5) twice in next corner ch-5 sp, ★ (sc in next ch-5 sp, 5 dc in next ch-5 sp, sc in next ch-5 sp, ch 5) across to next corner ch-5 sp, (sc, ch 5) twice in corner ch-5 sp; repeat from ★ 2 times **more**, sc in next ch-5 sp, 5 dc in next ch-5 sp, (sc in next ch-5 sp, ch 5, sc in next ch-5 sp, 5 dc in next ch-5 sp) across; join with slip st to first sc: 52 5-dc groups and 60 ch-5 sps.

Rnd 9: Slip st in next 2 chs, ch 1, sc in same ch-5 sp, ch 5, skip next 2 sts, sc in next dc, ch 5, skip next dc, sc in next dc, ch 5, sc in next ch-5 sp, ch 5, (sc, ch 5) twice in next corner ch-5 sp, sc in next ch-5 sp, ch 5, ★ (skip next 2 sts, sc in next dc, ch 5, skip next dc, sc in next dc, ch 5, sc in next ch-5 sp, ch 5) across to next corner ch-5 sp, (sc, ch 5) twice in corner ch-5 sp, sc in next ch-5 sp, ch 5; repeat from ★ 2 times **more**, skip next 2 sts, sc in next dc, ch 5, skip next dc, sc in next dc, (ch 5, sc in next ch-5 sp, ch 5, skip next 2 sts, sc in next dc, ch 5, skip next dc, sc in next dc) across, ch 2, dc in first sc to form last ch-5 sp: 168 ch-5 sps.

Rnd 10: Ch 1, sc in same sp, ch 4, sc in third ch from hook, ch 1, ★ sc in next ch-5 sp, ch 4, sc in third ch from hook, ch 1; repeat from ★ around; join with slip st to first sc, finish off.

5

1

3. SWEET DREAMS

Finished Size: 32" x 40"

MATERIALS

Sport Weight Yarn:
14 ounces, (400 grams, 1,400 yards)
Crochet hook, size H (5.00 mm) **or** size needed for gauge

GAUGE: 11 dc = 3"; 7 rows = 4"

Gauge Swatch: 7¼"w x 4"h
Ch 30 **loosely**.
Work same as Afghan Body for 7 rows.
Finish off.

STITCH GUIDE

CLUSTER (uses one st or sp)
★ YO, insert hook in st or sp indicated, YO and pull up a loop, YO and draw through 2 loops on hook; repeat from ★ 2 times **more**, YO and draw through all 4 loops on hook.

PICOT
Ch 5, sc in fifth ch from hook.

AFGHAN BODY

Ch 90 **loosely**, place marker in fourth ch from hook for st placement.

Row 1: Dc in sixth ch from hook, ★ ch 1, skip next ch, dc in next ch; repeat from ★ across: 43 dc and 43 sps.

Row 2 (Right side)**:** Ch 4 **(counts as first dc plus ch 1, now and throughout)**, turn; ★ dc in next dc, (dc in next ch-1 sp and in next dc) 5 times, ch 1; repeat from ★ across to last sp, skip next ch, dc in next ch: 79 dc and 8 ch-1 sps.

Row 3: Ch 4, turn; ★ dc in next 3 dc, ch 2, skip next 2 dc, (sc, ch 3, sc) in next dc, ch 2, skip next 2 dc, dc in next 3 dc, ch 1; repeat from ★ across to last dc, dc in last dc: 44 dc and 29 sps.

Row 4: Ch 4, turn; dc in next 3 dc, ch 1, skip next ch-2 sp, work (Cluster, ch 3, Cluster) in next ch-3 sp, ch 1, ★ (dc in next 3 dc, ch 1) twice, skip next ch-2 sp, work (Cluster, ch 3, Cluster) in next ch-3 sp, ch 1; repeat from ★ across to last 4 dc, dc in next 3 dc, ch 1, dc in last dc.

Row 5: Ch 4, turn; ★ dc in next 3 dc, ch 3, skip next ch-1 sp, sc in next ch-3 sp, ch 3, skip next Cluster, dc in next 3 dc, ch 1; repeat from ★ across to last dc, dc in last dc: 51 sts and 22 sps.

Row 6: Ch 4, turn; ★ dc in next 3 dc, 2 dc in next ch-3 sp, dc in next sc, 2 dc in next ch-3 sp, dc in next 3 dc, ch 1; repeat from ★ across to last dc, dc in last dc: 79 dc and 8 ch-1 sps.

Row 7: Ch 4, turn; dc in next dc, ★ ch 1, (skip next dc, dc in next dc, ch 1) 5 times, dc in next dc; repeat from ★ across: 44 dc and 43 ch-1 sps.

Row 8: Ch 4, turn; dc in next dc, (dc in next ch-1 sp and in next dc) 5 times, ch 1, dc in next dc, ★ skip next dc, 5 dc in next dc, skip next dc, (dc, ch 2, dc) in next dc; repeat from ★ 6 times **more**, dc in next dc, ch 1, dc in next dc, (dc in next ch-1 sp and in next dc) 5 times, ch 1, dc in last dc: 75 dc and 11 sps.

Row 9: Ch 4, turn; dc in next 3 dc, ch 2, skip next 2 dc, (sc, ch 3, sc) in next dc, ch 2, skip next 2 dc, dc in next 3 dc, ch 1, dc in next dc, ★ 5 dc in next ch-2 sp, skip next 3 dc, (dc, ch 2, dc) in next dc; repeat from ★ 6 times **more**, skip next 2 dc, dc in next dc, ch 1, dc in next 3 dc, ch 2, skip next 2 dc, (sc, ch 3, sc) in next dc, ch 2, skip next 2 dc, dc in next 3 dc, ch 1, dc in last dc: 65 dc and 17 sps.

Row 10: Ch 4, turn; dc in next 3 dc, ch 1, skip next ch-2 sp, work (Cluster, ch 3, Cluster) in next ch-3 sp, ch 1, dc in next 3 dc, ch 1, dc in next dc, ★ 5 dc in next ch-2 sp, skip next 3 dc, (dc, ch 2, dc) in next dc; repeat from ★ 6 times **more**, skip next 2 dc, dc in next dc, ch 1, dc in next 3 dc, ch 1, skip next ch-2 sp, work (Cluster, ch 3, Cluster) in next ch-3 sp, ch 1, dc in next 3 dc, ch 1, dc in last dc.

Row 11: Ch 4, turn; dc in next 3 dc, ch 3, skip next ch-1 sp, sc in next ch-3 sp, ch 3, skip next Cluster, dc in next 3 dc, ch 1, dc in next dc, ★ 5 dc in next ch-2 sp, skip next 3 dc, (dc, ch 2, dc) in next dc; repeat from ★ 6 times **more**, skip next 2 dc, dc in next dc, ch 1, dc in next 3 dc, ch 3, skip next ch-1 sp, sc in next ch-3 sp, ch 3, skip next Cluster, dc in next 3 dc, ch 1, dc in last dc: 67 sts and 15 sps.

Row 12: Ch 4, turn; dc in next 3 dc, 2 dc in next ch-3 sp, dc in next sc, 2 dc in next ch-3 sp, dc in next 3 dc, ch 1, dc in next dc, ★ 5 dc in next ch-2 sp, skip next 3 dc, (dc, ch 2, dc) in next dc; repeat from ★ 6 times **more**, skip next 2 dc, dc in next dc, ch 1, dc in next 3 dc, 2 dc in next ch-3 sp, dc in next sc, 2 dc in next ch-3 sp, dc in next 3 dc, ch 1, dc in last dc: 75 dc and 11 sps.

Row 13: Ch 4, turn; dc in next dc, ch 1, (skip next dc, dc in next dc, ch 1) 5 times, dc in next dc, ★ 5 dc in next ch-2 sp, skip next 3 dc, (dc, ch 2, dc) in next dc; repeat from ★ 6 times **more**, skip next 2 dc, (dc in next dc, ch 1) twice, (skip next dc, dc in next dc, ch 1) 5 times, dc in last dc: 65 dc and 21 sps.

Row 14: Ch 4, turn; dc in next dc, (dc in next ch-1 sp and in next dc) 5 times, ch 1, dc in next dc, ★ 5 dc in next ch-2 sp, skip next 3 dc, (dc, ch 2, dc) in next dc; repeat from ★ 6 times **more**, skip next 2 dc, dc in next dc, ch 1, dc in next dc, (dc in next ch-1 sp and in next dc) 5 times, ch 1, dc in last dc: 75 dc and 11 sps.

Rows 15-48: Repeat Rows 9-14, 5 times; then repeat Rows 9-12 once **more**.

Row 49: Ch 4, turn; dc in next dc, ch 1, (skip next dc, dc in next dc, ch 1) 5 times, (dc in next dc, ch 1) 3 times, ★ (skip next dc, dc in next dc, ch 1) 3 times, dc in next dc, ch 1; repeat from ★ 6 times **more**, (skip next dc, dc in next dc, ch 1) 5 times, dc in last dc: 44 dc and 43 ch-1 sps.

Row 50: Ch 4, turn; dc in next dc, ★ (dc in next ch-1 sp and in next dc) 5 times, ch 1, dc in next dc; repeat from ★ across: 79 dc and 8 ch-1 sps.

Rows 51-55: Repeat Rows 3-7; do **not** finish off.

EDGING

Rnd 1: Ch 1, turn; sc in first dc, (sc in next ch-1 sp and in next dc) across; 2 sc in end of each row across; working in free loops ***(Fig. 1, page 1)*** and in sps across beginning ch, sc in marked ch, remove marker, place marker around sc just made for st placement, (sc in next ch-1 sp and in next ch) across; 2 sc in end of each row across; join with slip st to first sc: 394 sc.

Rnd 2: Ch 3 **(counts as first dc)**, do **not** turn; 2 dc in same st and in next sc, dc in next 83 sc, 2 dc in next sc, 5 dc in next sc, 2 dc in next sc, dc in each sc across to marked sc, 5 dc in marked sc, 2 dc in next sc, dc in next 83 sc, 2 dc in next sc, 5 dc in next sc, 2 dc in next sc, dc in each sc across, 2 dc in same st as first dc; join with slip st to first dc: 416 dc.

Rnd 3: Ch 4, dc in same st, ch 1, ★ skip next dc, (dc in next dc, ch 1, skip next dc) across to center dc of next 5-dc group, (dc, ch 1) 3 times in center dc; repeat from ★ 2 times **more**, skip next dc, (dc in next dc, ch 1, skip next dc) across, dc in same st as first dc, ch 1; join with slip st to first dc: 216 dc.

Rnd 4: Ch 1, sc in same st, ch 3, skip next dc, (work Cluster, ch 3) twice in next dc, skip next dc, ★ sc in next dc, ch 3, skip next dc, (work Cluster, ch 3) twice in next dc, skip next dc; repeat from ★ around; join with slip st to first sc: 162 ch-3 sps.

Rnd 5: Ch 1, sc in same st, (sc, dc) in next ch-3 sp, dc in next Cluster, 5 dc in next ch-3 sp, dc in next Cluster, (dc, sc) in next ch-3 sp, ★ sc in next sc, (sc, dc) in next ch-3 sp, dc in next Cluster, 5 dc in next ch-3 sp, dc in next Cluster, (dc, sc) in next ch-3 sp; repeat from ★ around; join with slip st to first sc: 648 sts.

Rnd 6: Ch 1, (sc, ch 3, sc) in same st, † skip next sc, sc in next dc, (ch 3, skip next dc, sc in next dc) 4 times, [skip next 3 sc, sc in next dc, (ch 3, skip next dc, sc in next dc) 4 times] 11 times, skip next sc, (sc, ch 3, sc) in next sc, skip next sc, sc in next dc, (ch 3, skip next dc, sc in next dc) 4 times, [skip next 3 sc, sc in next dc, (ch 3, skip next dc, sc in next dc) 4 times] 14 times, skip next sc †, (sc, ch 3, sc) in next sc, repeat from † to † once; join with slip st to first sc: 220 ch-3 sps.

Rnd 7: Slip st in first corner ch-3 sp, ch 1, (sc, work 3 Picots, sc in ch at base of third Picot from hook, sc) in same ch-3 sp, ★ † (work Picot, sc in next ch-3 sp) twice, work 3 Picots, sc in ch at base of third Picot from hook, (sc in next ch-3 sp, work Picot, sc in next 2 ch-3 sps, work Picot, sc in next ch-3 sp, work 3 Picots, sc in ch at base of third Picot from hook) across to within 2 ch-3 sps of next corner ch-3 sp, (sc in next ch-3 sp, work Picot) twice †, (sc, work 3 Picots, sc in ch at base of third Picot from hook, sc) in corner ch-3 sp; repeat from ★ 2 times **more**, then repeat from † to † once; join with slip st to first sc, finish off.

4. STORYTIME

Finished Size: 35" x 47"

MATERIALS

Sport Weight Yarn:
19 ounces, (540 grams, 1,520 yards)
Crochet hook, size H (5.00 mm) **or** size needed for gauge

GAUGE: In pattern, 2 repeats = 4"; 8 rows = 4¼"

Gauge Swatch: 4¼" square
Ch 20 **loosely**.
Work same as Afghan Body for 8 rows.
Finish off.

STITCH GUIDE

TREBLE CROCHET *(abbreviated tr)*
YO twice, insert hook in st or sp indicated, YO and pull up a loop (4 loops on hook), (YO and draw through 2 loops on hook) 3 times.

BEGINNING CLUSTER (uses one st or sp)
Ch 2, ★ YO, insert hook in st or sp indicated, YO and pull up a loop, YO and draw through 2 loops on hook; repeat from ★ once **more**, YO and draw through all 3 loops on hook.

CLUSTER (uses one st or sp)
★ YO, insert hook in st or sp indicated, YO and pull up a loop, YO and draw through 2 loops on hook; repeat from ★ 2 times **more**, YO and draw through all 4 loops on hook.

PICOT
Ch 3, sc in top of dc just made.

AFGHAN BODY

Ch 128 **loosely**.

Row 1: Sc in second ch from hook, ch 3, skip next 3 chs, (sc in next ch, ch 3) twice, ★ (skip next 3 chs, sc in next ch, ch 3) twice, sc in next ch, ch 3; repeat from ★ across to last 4 chs, skip next 3 chs, sc in last ch: 43 sc and 42 ch-3 sps.

Row 2 (Right side)**:** Ch 4 **(counts as first dc plus ch 1, now and throughout)**, turn; skip next ch-3 sp, (2 dc, ch 2, 2 dc) in next ch-3 sp, ch 1, skip next ch-3 sp, ★ work Cluster in next sc, ch 1, skip next ch-3 sp, (2 dc, ch 2, 2 dc) in next ch-3 sp, ch 1, skip next ch-3 sp; repeat from ★ across to last sc, dc in last sc; do **not** finish off: 13 Clusters and 42 sps.

Continued on page 9.

Row 3: Ch 1, turn; sc in first dc, ch 3, skip next ch-1 sp, (sc, ch 3) twice in next ch-2 sp, ★ sc in next Cluster, ch 3, skip next ch-1 sp, (sc, ch 3) twice in next ch-2 sp; repeat from ★ across to last 3 dc, skip next 2 dc, sc in last dc: 43 sc and 42 ch-3 sps.

Row 4: Ch 4, turn; skip next ch-3 sp, (2 dc, ch 2, 2 dc) in next ch-3 sp, ch 1, skip next ch-3 sp, ★ work Cluster in next sc, ch 1, skip next ch-3 sp, (2 dc, ch 2, 2 dc) in next ch-3 sp, ch 1, skip next ch-3 sp; repeat from ★ across to last sc, dc in last sc: 13 Clusters and 42 sps.

Rows 5-78: Repeat Rows 3 and 4, 37 times.

Row 79: Ch 1, turn; sc in first dc, ch 3, skip next ch-1 sp, sc in next ch-2 sp, ch 3, ★ sc in next Cluster, ch 3, skip next ch-1 sp, sc in next ch-2 sp, ch 3; repeat from ★ across to last 3 dc, skip next 2 dc, sc in last dc; do **not** finish off: 28 ch-3 sps.

EDGING

Rnd 1: Ch 1, turn; sc in first sc, 2 sc in next ch-3 sp, 3 sc in each ch-3 sp across, sc in last sc, place marker around sc just made for st placement; † working in end of rows, sc in first row, (2 sc in next row, sc in next row) across to last 2 rows, 3 sc in next row, sc in last row †; working in free loops ***(Fig. 1, page 1)*** and in sps across beginning ch, sc in ch at base of first sc, place marker around sc just made for st placement, 2 sc in next sp, sc in sp **between** next 2 sc, 2 sc in next sp, ★ sc in next ch, 2 sc in next sp, sc in sp **between** next 2 sc, 2 sc in next sp; repeat from ★ across, sc in last ch, place marker around sc just made for st placement; repeat from † to † once; join with slip st to first sc: 408 sc.

Rnd 2: Do **not** turn; work (Beginning Cluster, ch 5, Cluster) in same st, ch 3, skip next 2 sc, sc in next sc, (ch 5, skip next 2 sc, sc in next sc) twice, ch 3, ★ † YO twice, skip next 2 sc, insert hook in next sc, YO and pull up a loop, (YO and draw through 2 loops on hook) twice, (YO, insert hook in **same** st, YO and pull up a loop, YO and draw through 2 loops on hook) twice, YO and draw through all 4 loops on hook, ch 3, skip next 2 sc, sc in next sc, (ch 5, skip next 2 sc, sc in next sc) twice, ch 3 †, repeat from † to † across to within 2 sc of next marked sc, skip next 2 sc, work (Cluster, ch 5, Cluster) in marked sc, ch 3, skip next 2 sc, sc in next sc, (ch 5, skip next 2 sc, sc in next sc) twice, ch 3; repeat from ★ 2 times **more**, then repeat from † to † across; join with slip st to top of Beginning Cluster: 140 sps.

Rnd 3: Slip st in first ch-5 sp, ch 5 **(counts as first tr plus ch 1)**, [tr, (ch 1, tr) 6 times] in same sp, ★ † ch 2, skip next ch-3 sp, sc in next ch-5 sp, ch 3, sc in next ch-5 sp, ch 2, skip next ch-3 sp, [tr in next st, (ch 1, tr in same st) 6 times, ch 2, skip next ch-3 sp, sc in next ch-5 sp, ch 3, sc in next ch-5 sp, ch 2, skip next ch-3 sp] across to next corner ch-5 sp †, [tr, (ch 1, tr) 7 times] in corner ch-5 sp; repeat from ★ 2 times **more**, then repeat from † to † once; join with slip st to first tr: 310 sps.

Rnd 4: Slip st in first ch-1 sp, work Beginning Cluster in same sp, ch 3, [(work Cluster in next ch-1 sp, ch 3) 6 times, skip next ch-2 sp, sc in next ch-3 sp, ch 3, skip next ch-2 sp] across to next corner tr group, ★ (work Cluster in next ch-1 sp, ch 3) 7 times, skip next ch-2 sp, sc in next ch-3 sp, ch 3, skip next ch-2 sp, [(work Cluster in next ch-1 sp, ch 3) 6 times, skip next ch-2 sp, sc in next ch-3 sp, ch 3, skip next ch-2 sp] across to next corner tr group; repeat from ★ 2 times **more**; join with slip st to top of Beginning Cluster: 242 ch-3 sps.

Rnd 5: [Slip st, ch 6, sc in fourth ch from hook, dc] in first ch-3 sp, ★ † (work Picot, dc) twice in each of next 5 ch-3 sps, ch 1, skip next ch-3 sp, slip st in next sc, ch 1, skip next ch-3 sp, [(dc, work Picot, dc) in next ch-3 sp, (work Picot, dc) twice in each of next 4 ch-3 sps, ch 1, skip next ch-3 sp, slip st in next sc, ch 1, skip next ch-3 sp] across to next corner 7-Cluster group †, (dc, work Picot, dc) in next ch-3 sp; repeat from ★ 2 times **more**, then repeat from † to † once; join with slip st to third ch of beginning ch-6, finish off.